HF341388

CÉLÉBRATION

DU

CINQUANTIÈME ANNIVERSAIRE

SACERDOTAL

de M. l'abbé RIGAGNON

CHANOINE HONORAIRE

CURÉ DE SAINT-MARTIAL DE BORDEAUX

23 Septembre 1866

BORDEAUX

CHEZ CODERC, DEGRÉTEAU ET POUJOL

(Maison LAFARGUE)

RUE DU PAS SAINT-GEORGES, 28

1866

ARCHEVÊCHÉ DE BORDEAUX

Nous autorisons et approuvons la publication des détails et discours relatifs au *Cinquantième anniversaire du Sacerdoce de M. le Curé de Saint-Martial*, qui a eu lieu le 23 Septembre dernier,

Et bénissons la pensée de mettre entre les mains des fidèles les discours qui ont été prononcés à cette occasion, et qui laisseront dans les familles un touchant et impérissable souvenir.

Bordeaux, le 8 Octobre 1866.

✝ FERDINAND, Cardinal DONNET,
Archevêque de Bordeaux.

Par Mandement de Son Éminence :

H. BELLOT,
Chanoine honoraire, Secrétaire.

CÉLÉBRATION

DU

CINQUANTIÈME ANNIVERSAIRE

SACERDOTAL

de M. l'abbé RIGAGNON

CHANOINE HONORAIRE, CURÉ DE SAINT-MARTIAL DE BORDEAUX.

A la vue d'un édifice qui a triomphé de l'action délétère du temps et qui, portant dans les cieux sa tête majestueuse, a vu rouler à ses pieds le flot sans cesse agité des générations humaines, le voyageur s'arrête étonné. Il promène un long regard sur ce monument dont chaque pierre évoque un souvenir ; il se sent pénétré de respect et ne s'arrache qu'avec peine à un spectacle qui charme son âme et l'invite à la méditation.

Tel est le sentiment qu'inspire la présence d'un vieillard qui, pendant de longues années, a résisté aux épreuves et aux ébranlements inévitables de notre fragile existence. Mais, quand ce vieillard a passé, comme le divin Maître, en faisant le bien, quand la majesté de la vertu rayonne sur son visage, quand sur sa tête repose le double diadème des cheveux blancs et du sacerdoce, ce n'est pas à la langue humaine qu'il faut demander l'expression de ce qu'on ressent au fond de son âme.

La vie sacerdotale c'est l'Évangile continué ; c'est l'action du Fils de l'homme se perpétuant à travers les siècles jusqu'à l'entier achèvement de son œuvre, jusqu'à la consommation des élus. Par un mystère ineffable de la grâce, malgré l'infirmité de son origine, malgré sa nature mortelle, le prêtre est comme une plante vivace, mais stérile par elle-même, sur laquelle ont été greffées la science et la charité divine. Ce n'est plus lui qui vit, c'est Jésus-Christ qui vit en lui, parle par sa bouche et fait battre son cœur. Les pouvoirs qu'il a reçus atteignent une hauteur sublime où la raison humaine ne saurait s'élever. Une seule fois, le firmament étonné vit le soleil s'arrêter dans sa course sur l'ordre de Josué : tous les jours la parole sacerdotale appelle sur nos autels le Soleil éternel des cieux, et tous les jours le Verbe divin obéit à la voix d'un homme, *Obediente Deo voci hominis*. Cette main qui porte Dieu et touche, pour ainsi dire, le ciel, cette main s'étend miséricordieusement ici-bas pour essuyer les larmes de ceux qui pleurent, adoucir les blessures saignantes du cœur, distribuer la nourriture et les vêtements à l'indigence nue et mourant de faim. Et quand sa carrière est remplie, quand son heure suprême vient à sonner, le ciel s'empresse de reprendre son trésor, tandis que la famille chrétienne laisse échapper un long gémissement de douleur.

Quelle bénédiction du ciel quand une paroisse peut conserver longtemps un de ces conducteurs vénérés, un de ces libérateurs des âmes qui font jaillir les eaux vives du rocher et descendre la manne du ciel, qui, dans ce désert aride de notre existence, multiplient chaque jour, des prodiges de bienfaisance et de dévouement ! Hélas ! c'est le petit nombre.... La prière, la mortification, les fatigues incessantes du ministère usent avant le temps la vie du prêtre. Son cœur est un holocauste qui se consume tous les jours, et arrive d'autant plus vite à sa fin que la flamme du zèle sacerdotal s'agite plus active et plus brûlante. Pour parvenir à l'extrême vieillesse il faut au ministre sacré une force exceptionnelle et une permission miséricordieuse du Seigneur.

Privilégié entre tant d'autres qui pleurent et ont peine à se consoler parce que leur père n'est plus, le peuple de Saint-Martial peut encore se livrer à l'allégresse et se presser avec amour autour de son Pasteur bien-aimé.

Dimanche, 23 Septembre 1866, les fidèles des Chartrons célébraient une de ces fêtes d'autant plus touchantes qu'elles se rencontrent plus rarement. Image de la Jérusalem céleste, l'église s'était ornée comme l'épouse qui s'apprête à recevoir son époux. L'autel étincelait d'or et de lumières. Emblêmes, peintures décoratives, bannières, sentences de la Sainte Écriture, tout se réunissait pour charmer les regards et parler au cœur. L'enceinte du temple ne suffisait pas à contenir la multitude des fidèles qui laissaient éclater sur leur visage la sympathie et l'attendrissement. Ceux qui n'avaient pu y pénétrer formaient sur la place et autour de l'église comme une mer vivante qu'agite doucement la brise du bonheur. En face de la porte principale s'élevait un arc de triomphe avec cette inscription : « *Bonum certamen certavi*, j'ai soutenu un bon combat. » Toutes les maisons environnantes étaient parées de fleurs. Le pavé des rues avait disparu sous une odorante jonchée. Aussi loin que l'œil pouvait s'étendre, aux abords du presbytère, sur le quai, dans les rues Denize et Sainte-Philomène, partout il voyait serpenter des guirlandes de feuillage, et flotter des oriflammes aux couleurs variées. A chaque instant s'élevaient du sein de la foule des cris d'enthousiasme, et les bruyantes détonations des armes à feu s'unissaient au son majestueux de l'airain sacré. On eût dit une cité qui s'apprête à recevoir son souverain. Oui, c'était un roi, mais un de ces rois pacifiques des âmes ; c'était un père, un pasteur, un patriarche vénéré.

Après cinquante années d'un laborieux apostolat exercé dans les Chartrons, le digne Curé de Saint-Martial, M. Rigagnon, a désiré célébrer avec solennité l'anniversaire du jour, où, choisissant le Seigneur pour l'unique portion de son héritage, il avait reçu l'ordination sacerdotale de la main d'un pieux et saint archevêque, Monseigneur d'Aviau Dubois de Sanzay. Entraîné par son zèle et sa ferveur sacerdotale il avait déjà pris la route des missions, lorsque le Pontife le fit revenir et l'attacha comme vicaire à la paroisse de Saint-Louis qu'il évangélisa pendant dix-huit ans.

C'était le sacrifice du matin montant vers le ciel comme un parfum d'agréable odeur. Après cinquante années, parvenu au rivage opposé de la vie, le même prêtre devenu vieillard, présentera au Seigneur le sacrifice du soir. Mais, avant cette suprême et solennelle oblation, il ira demander à la solitude ses salutaires inspirations et retremper dans la retraite son âme sacerdotale.

Sur les bords de l'Isle, en Périgord, dans une étroite

vallée resserrée entre deux montagnes, est située l'antique Chartreuse de Vauclaire. C'est de là qu'après avoir partagé, pendant huit jours, la pénitence et les exercices de ces saints religieux, il reviendra au milieu des siens comme un nouveau Moïse portant sur son visage l'empreinte du recueillement et de ses entretiens avec son Dieu. O qu'ils sont beaux les pas de ceux qui évangélisent la paix ! Nous l'avons vu entouré de ses anciens collaborateurs, des supérieurs des deux séminaires, de l'Archiprêtre de la Rochelle et de ses confrères de la ville de Bordeaux, monter avec transport à cet autel qui avait réjoui sa jeunesse. Ces yeux inondés de larmes, ce front sillonné par les nobles rides du travail et des austérités, cette tête couronnée de cheveux blancs pénétraient tous les assistants d'une respectueuse admiration. Ils suivaient d'un regard attentif la pompe majestueuse des cérémonies dont étaient exclusivement chargés les anciens vicaires de Saint-Martial. C'était les témoins successifs d'une vie pleine de zèle et de bonnes œuvres, c'était comme les anneaux divers de cette chaîne de souvenirs qui part des premiers temps pour aboutir aux joies et aux splendeurs de la cinquantième année. Après l'Évangile, M. Thibaut, archiprêtre de la Rochelle, rappelant l'intimité qui a toujours uni leurs cœurs, a raconté les œuvres, la mansuétude et les vertus de son ancien et vénérable ami. Toute l'assistance est restée pendant trois-quarts d'heure sous le charme de cette voix mélodieuse, de ce discours où l'onction et l'élégance s'unissaient à l'élévation de la pensée.

La grand'messe est terminée. O peuple de Saint-Martial, contemple ton pasteur descendant de la montagne sainte avec la majesté d'un Prophète ! Vois comme il est beau sous ces ornements et cette chasuble d'or dont l'a gratifié ta munificence filiale ! Chante le *Te Deum*, cet hymne sublime de la reconnaissance, accompagne le vieillard sacré jusqu'à sa demeure ; et quand du haut du perron, environné de ses frères dans le sacerdoce, il étendra sa main tremblante d'émotion sur ces milliers de têtes qui n'ont qu'une même pensée et qu'un même amour, incline-toi profondément et que ton âme se réjouisse, car la bénédiction d'un père porte bonheur !

Midi ! c'est l'heure du banquet fraternel. Les honorables administrateurs de l'église, dont le cœur est en parfaite harmonie avec les sentiments des habitants et du Pasteur, ont voulu se charger de tous les frais et en surveiller l'ordonnance. Quels épanchements ! Quelle douce joie ! Entendez cette voix enfantine, naïf organe de l'innocence qui célèbre les magnificences du zèle et de la vertu ! Prêtez l'oreille à ce chœur chanté par de jeunes filles et à ces harmonieuses fanfares dirigées par un artiste aussi capable que dévoué ! Silence.... Le vénéré doyen des Curés de Bordeaux, qui, lui aussi va bientôt solenniser sa cinquantaine, M. Dulaurié, porte un toast où, comme toujours, à la finesse de l'esprit s'allie un rare bon-sens : « Vénéré
» Confrère, après cette éclatante manifestation d'amour
» et de reconnaissance de la part de votre peuple chéri,
» il nous semble surprendre sur vos lèvres les vœux du
» saint vieillard Siméon, *Nunc dimittis* [1]. Ah ! de grâce,

---

[1] C'est maintenant, Seigneur, que vous laisserez votre serviteur mourir en paix.

» pour nous, pour vos bons paroissiens dites plutôt à Dieu
» avec le grand saint Martin : *Non recuso laborem !* [1] »

L'heure des Vêpres a sonné. Le cortége sacerdotal se dirige en traversant une foule compacte vers l'église où il peut à peine se frayer un passage tant les rangs sont pressés. O Israël que tes tentes sont belles ! Un intérêt sympathique et une légitime impatience de voir le Pasteur font tressaillir toutes les âmes. La piété, la joie, une respectueuse tendresse brille dans tous les regards. Après cet office chanté avec un admirable élan, M. le Curé de Saint-Seurin est monté en chaire. Je n'entreprendrai point l'analyse de cet éloquent discours. Toucher à un tableau de maître est toujours une témérité. Qu'il me suffise de dire que l'exercice pastoral et l'habitude de la prédication sont venues perfectionner encore cette touche déjà si remarquable de l'ancien professeur de rhétorique.

A la Bénédiction du Très-Saint Sacrement une voix d'élite, servie par un vrai talent et une excellente méthode, a fait entendre un délicieux *O salutaris* qu'accompagnait l'habile organiste de Saint-Martial. Déjà le tabernacle s'est refermé, déjà quelques fidèles s'ébranlent pour sortir, lorsque notre cher et vénéré Pasteur, malgré les émotions et les fatigues de cette belle journée, n'écoutant que les inspirations de son cœur si bon et si dévoué, remercie ses paroissiens et ses confrères dans une allocution chaleureuse où l'on sentait couler à pleins bords la foi et la sève sacerdotale.

---

[1] Seigneur, si je suis encore nécessaire à mon peuple, je ne refuse pas le travail.

Enfin cette admirable fête a été couronnée par une brillante illumination. D'innombrables lumières dessinant les contours de l'arc de triomphe, des lanternes vénitiennes suspendues aux guirlandes qui allaient d'une rue à l'autre formaient comme un ciel de feu sous lequel circulait une multitude ivre de bonheur et d'admiration. Dieu soit béni de nous avoir rendus témoins de cette fête attendrissante ! Puissent les heureux habitants de Saint-Martial conserver pendant de longues années leur père bien-aimé et apprécier de plus en plus, la grandeur du don que Dieu leur a fait en leur accordant un saint prêtre, un prêtre selon son cœur !

Bordeaux, le 26 Septembre 1866.

DONIS,

Curé de Saint-Louis.

Nota. — Nous ne pouvons nous empêcher de citer un fait qui intéressera ceux qui connaissent le cœur si charitable de M. le Curé de Saint-Martial. Deux boulangers de sa paroisse lui ont envoyé le jour de la fête, 300 kilog. de pain pour ses pauvres. Un protestant lui a aussi envoyé cent francs pour le même objet.

DISCOURS

DE M. L'ABBÉ THIBAUT

Archiprêtre, Curé de la Cathédrale de la Rochelle

POUR LE CINQUANTIÈME ANNIVERSAIRE DE L'ORDINATION
DE SON AMI.

> *Tu quis es?* Qui êtes-vous?
> (S. JEAN, 1, 19.)

Je ne sais si je me trompe, mes Frères, mais il me semble entendre quelques personnes de ce pieux et noble auditoire qui s'interrogent et se disent : Quel est ce prêtre étranger? Comment et pourquoi, dans ce jour qui nous intéresse tous si vivement, vient-il élever la voix au milieu de notre Clergé, devant des prêtres si savants, si remarquables, si saints? Par quel hasard vient-il participer à notre fête de famille? Connaît-il assez notre Pasteur vénéré, pour énumérer ses vertus, pour faire revivre à nos yeux un demi-siècle passé dans l'exercice du plus pur zèle et de la plus ardente charité?

Je ne me dissimule pas, mes Frères, tout ce qu'il y a de sérieux et de vrai dans cette réflexion ; veuillez croire que je l'ai faite moi-même le premier, et à cet instant surtout où, du haut de cette chaire sacrée, je me vois entouré d'un Clergé d'élite dont j'ai su depuis longues années apprécier le mérite et les hautes vertus, je me demande s'il n'y a pas témérité à moi de faire entendre ma faible voix, tandis que je devrais plutôt écouter et me taire.

Qu'il me soit permis maintenant de vous dire, que si je n'ai pas le précieux avantage d'appartenir tout-à-fait au noble

Diocèse de Bordeaux, je lui suis néanmoins étroitement uni par de triples liens, par des liens sacrés, s'il en fut jamais : les liens de la famille, de la reconnaissance et de l'amitié; liens du sang, je ne puis oublier que deux de mes proches parents. deux vénérables vieillards, dont l'un fut confesseur de la foi, ont exercé pendant plus d'un siècle le saint ministère à Bazas et dans les paroisses d'alentour, avec autant de zèle que de fidélité.

Les liens de la reconnaissance..... Ah! comment dirai-je ce que j'ai recueilli, pendant ma jeunesse sacerdotale, de suave et de paternel de la bouche vénérée de Mgr Charles d'Aviau Dubois de Sanzay, dont le nom ne périra pas. Dirai-je l'affection dont voulut bien m'honorer Son Ém. le cardinal de Cheverus, de sainte mémoire? Dirai-je les attentions toutes paternelles, l'immense charité de son digne successeur, du vénéré Cardinal qui, au milieu de tant de travaux et de sollicitudes, n'a pas cessé de combler de toutes sortes de témoignages de confiance et d'attachement, un pauvre prêtre qui n'a pas d'autre mérite que celui d'être le neveu des deux vénérables vieillards dont je parlais tout-à-l'heure. — Oh! que mon cœur de prêtre en est vivement touché !

Et les liens sacrés de l'amitié, qu'ils sont pour moi doux et précieux ! Amitié franche, généreuse, inaltérable de votre bien-aimé Pasteur ! Ce sont ces liens si chers, si anciens déjà, et toujours si pieux et si intimes, qui me procurent aujourd'hui l'honneur de paraître au milieu de vous et de partager votre joie de famille. — Je n'y suis plus étranger. — Oui, le Seigneur a permis, et je l'en remercie, que je sois aujourd'hui l'heureux témoin d'un spectacle touchant, celui des pieux habitants d'une grande paroisse, qui se lèvent comme un seul homme pour fêter leur bien-aimé père et Pasteur. Vous venez et je viens avec vous honorer ses longs et généreux services, son zèle et sa charité, qui ne se sont jamais démentis. — Oh! qu'il m'est doux de participer à cette touchante solennité !

Mais j'ai déjà beaucoup trop parlé de moi. Permettez-moi, mon vénéré Confrère, de vous adresser la même question que je m'adressais tout-à-l'heure : *Tu quis es*, qui êtes-vous ?

Qui êtes-vous donc, mon cher et vénéré Confrère, pour que je voie le peuple et le clergé pressés autour de vous avec tant d'affection et de respect : *Tu quis es ?*..... Je ne vous demanderai pas, comme autrefois les Juifs au saint Précurseur : Êtes-vous prophète ? êtes-vous Élie ? Je sais bien la réponse que votre modestie vous suggérerait aussitôt ; j'aime mieux, en vous adressant la question, répondre moi-même et tout renfermer en deux mots, qui seront bien compris de cette assemblée..... Vous êtes prêtre, *Tu es sacerdos*. Ce mot dit tout ; vous êtes prêtre, c'est-à-dire le serviteur et le ministre du Dieu vivant ; ministre et coopérateur du prêtre éternel, de Jésus-Christ, qui possède éternellement et par son essence divine le sacerdoce et la royauté : *Tu es sacerdos in æternum.*

Or, qu'est-ce que le sacerdoce ? qu'est-ce que le prêtre ? Ici, mes Frères, j'ai besoin de m'instruire, et c'est vous qui allez m'éclairer ; c'est à vous que je m'adresse en toute confiance, et déjà votre tact, votre piété, me laissent entrevoir votre réponse. J'en suis tellement convaincu, que je voudrais pour beaucoup voir dans le saint lieu tous ces hommes du monde qui, chrétiens de nom seulement, ont le malheur d'être encore prévenus contre le sacerdoce, contre le prêtre, contre la Religion ; je vous laisserais le soin de les instruire, et ils sortiraient de ce saint lieu convertis, édifiés.

I

Qu'est-ce donc que le sacerdoce ?

Le sacerdoce, me dites-vous, c'est un ordre angélique et sacré, *Cleri sacratissimus ordo* (saint Bernard, *De Convers. Chr.*, c. 29). C'est la gloire et la couronne de l'Église. *Ecclesiæ decus* (saint Prosper, *De Vita contemp. sanctæ Ecclesiæ angelicus ordo*). — Le sacerdoce est une milice céleste, *Divinæ militiæ castra Domini* (saint Léon, épît. I). C'est l'armée du Seigneur destinée à protéger ses enfants sur la terre et à les conduire au ciel.... C'est ainsi que nous comprenons le sacerdoce.

Nous comprenons encore que le sacerdoce établi par la sagesse infinie de Dieu ne se trouve et ne peut se trouver que dans la sainte Église catholique ; cette Église bénie, à laquelle N. S. J.-C. a donné, dès le commencement, des Apôtres, des Prophètes, des Évangélistes, des Pasteurs et des Docteurs, afin qu'ils travaillent à la perfection des saints, aux fonctions de leur ministère, à l'édification du corps de Jésus-Christ. (*Eph.* 4, 11, 12, *Cor.* I, cap. 12-28).

Nous savons que le Saint-Esprit établit d'abord les Évêques pour gouverner l'Église de Dieu, qu'il a acquise par son sang (*Act. Ap.*, 20-28); que les Apôtres établissaient des prêtres dans chaque ville (*Act. Ap.*, 14-22., tit. 1-5), usage saint qui s'est perpétué jusqu'à nos jours par le pouvoir des Évêques, successeurs des Apôtres, et qui nous offre une preuve constante de la protection de Dieu sur son Église. Telle est, à nos yeux, l'origine, la dignité et la sainteté du sacerdoce.

Oui, mes Frères, vous avez raison ; le Seigneur veille sur son Église ; il ne l'abandonnera jamais, il la bénit tous les jours, et nous en trouvons une preuve vivante dans cette grande cité où Dieu est servi avec tant de zèle et de ferveur. O Église de Bordeaux ! que tu es heureuse d'avoir conservé avec la foi des Apôtres ce trésor immense de charité chrétienne qui donne une impulsion salutaire à toute la province, et qui porte au loin, avec tes richesses, la bonne odeur de Jésus-Christ ! Non, non, mes Frères, le bras de Dieu n'est pas raccourci ; sa main puissante et paternelle protége toujours la Religion ; et le sacerdoce, comme vous venez de le dire, est l'intéressant auxiliaire qu'il emploie pour faire connaître ses volontés à la terre.

Vous nous le prouvez une fois de plus, heureux habitants de cette paroisse, par vos sentiments religieux ; à votre foi vive comme celle des premiers chrétiens, à la piété qui vous anime, nous reconnaissons aisément la présence du sacerdoce, sa douce influence et sa paternelle autorité. Oui, voilà bien le sacerdoce et sa précieuse mission. Descendu du ciel avec le Fils de Dieu qui en est le principe, il rend tous les

jours de nouveaux services à l'univers entier..... Qu'il est
donc grand et sublime ce ministère divin, qui perpétue dans
l'Église la grâce et la charité du Sauveur ! Quelle est noble et
digne de tous nos respects, cette Église, une, sainte, catholique, apostolique, romaine, dont la jeunesse se renouvelle
tous les jours comme celle de l'aigle ! Qu'ils sont beaux, les
pieds de ces ouvriers généreux qu'elle envoie de tous côtés
annoncer la bonne nouvelle, la paix, la foi, la vérité ! Voilà
le sacerdoce, l'Évangile et ses véritables ministres... Voilà le
prêtre... Qu'est-ce donc que le prêtre ? Veuillez encore nous
faire part de vos pieuses impressions. C'est une seconde
question que je me permets de vous adresser, et je me re-
cueille un instant pour écouter attentivement votre réponse.

II

Qu'est-ce que le Prêtre ?

Le prêtre, me dites-vous, c'est l'homme de Dieu. Saint
Paul l'a dit le premier ; pourquoi ne le dirions-nous pas
nous-mêmes, puisque nous reconnaissons à chaque instant
le sens profond et l'exacte vérité de cette parole : *Tu autem
ô homo Dei* (1, *Tim.* 6, 11)? Le prêtre, à notre avis, est
l'homme de Dieu pour plusieurs motifs. C'est parce qu'il a
été appelé de Dieu au saint ministère ; parce qu'il a été choisi
et consacré pour le service des autels ; parce qu'il a été
envoyé au milieu des hommes pour faire le bien. Le prêtre
est l'homme de Dieu, parce qu'il est l'homme des prières,
le médiateur au nom de Jésus-Christ et par Jésus-Christ,
entre Dieu et les hommes, offrant des sacrifices pour la ré-
mission de nos péchés (*Heb.*). Le prêtre, c'est le père de
famille, l'ami du pauvre, le protecteur de la veuve et de
l'orphelin ; c'est le directeur de l'enfance, le conseil de l'âge
mûr, le guide et le soutien de la vieillesse ; c'est le témoin
discret et le confident de nos chagrins, de nos joies comme
de nos peines. Quels titres le prêtre de Jésus-Christ n'a-t-il
pas à notre reconnaissance et à notre amour !

Vous me donnez par là, mes Frères, une haute idée du
prêtre, et je vous remercie déjà de ces notions générales

dont le développement, quelque court et restreint qu'il soit, ne peut que nous édifier. Ainsi, vous reconnaissez avec raison que le prêtre a été appelé de Dieu au saint ministère, et que c'est Dieu qui parle à son cœur, suivant cette parole du divin Maître : l'esprit de Dieu souffle où il veut; vous entendez sa voix, et vous ne savez d'où elle vient, ni où elle va (Joan. 3, 8.) Bientôt vous êtes étonnés de ses effets merveilleux; vous apprenez avec surprise et admiration qu'elle a été entendue en plusieurs lieux à la fois, dans un palais, dans une chaumière, dans la solitude, dans les landes comme au milieu des grandes cités. Ici, c'est un jeune prince; là, l'enfant d'un simple ouvrier; tantôt le fils d'un riche négociant, tantôt un pauvre petit berger, et ce petit berger deviendra sous la main du Tout-Puissant un Vincent de Paule, un homme de Dieu qui portera au loin la connaissance de son nom. Je vous comprends, mes Frères, veuillez continuer.

Le prêtre est l'homme de Dieu. C'est Dieu, en effet, qui, l'ayant appelé dès son enfance, l'a choisi et l'a établi dans son Église pour y faire toute sorte de bien. Nous nous rappelons, dites-vous, cette parole du Sauveur à ses Apôtres : « Ce n'est pas vous qui m'avez choisi, mais c'est moi qui vous ai choisis et vous ai établis, afin que vous marchiez, que vous rapportiez du fruit et que votre fruit demeure toujours. (*Joan.* 15, 16.) » Nous reconnaissons bien la vérité de ces paroles..... Jamais elles ne se sont mieux accomplies qu'au milieu de nous, où tous les jours nous voyons des fruits abondants de grâce et de salut opérés par le saint prêtre, par le bon pasteur que Dieu nous a donné dans sa miséricorde.

Le prêtre est l'homme de Dieu. De bonne heure il s'est exercé à la piété, qui est le mobile de toutes ses actions; il s'est donné à Dieu de tout son cœur dès son entrée dans la cléricature, et nous savons qu'il a répété mille fois avec bonheur : le Seigneur est mon héritage en mon partage, *Dominus pars hæreditatis meæ.* C'est vous, mon Dieu, qui me rendrez mon héritage (*Psal.* 15, 5). Le bon prêtre a toujours le Seigneur en sa présence, et cette pensée le fortifie tous les jours dans le bien (ŷ. 8) ; aussi son cœur s'est réjoui, sa langue s'est répandue en démonstrations de joie, et son âme, délicieusement unie à Dieu, s'est reposée dans la paix et l'espérance (ŷ. 9). Oui, nous l'avons vu puiser au saint autel la charité du divin Maître, et répandre autour de lui les trésors de sa mansuétude et de sa douceur. C'est là que nous aimons à contempler l'homme de Dieu qui, dans un religieux silence commandé par sa foi, nous dit néanmoins éloquemment par son exemple et par sa piété : « Soyez mes imitateurs, comme je le suis moi-même de Jésus-Christ (1 *Cor.* 4, 16). »

Le prêtre est l'homme de Dieu, l'homme de prières ; la maison de Dieu est devenue sa demeure. Il a dit à Dieu : Seigneur, j'ai aimé la splendeur de votre maison et le lieu où réside votre gloire (*Psal.* 25, 8) ; et nous l'avons vu à l'œuvre, sanctifiant tout dans son zèle immense et se sacrifiant lui-même pour élever à la gloire de Dieu un temple saint digne de sa majesté. Et alors, nous nous sommes souvenus que la sainte Écriture, en faisant l'éloge du Prophète-Roi qui avait opéré tant et de si grandes choses, le loue en particulier d'avoir établi des chantres pour être devant l'autel, et d'avoir accompagné leurs chants de doux concerts de musique ; il a rendu les fêtes plus célèbres, et il a orné les jours sacrés jusqu'à la fin de sa vie, afin qu'Israël louàt le nom du Seigneur, et que dès le matin il rendît gloire à sa sainteté (*Eccl.* 4, 7). Nous avons vu cette heureuse transformation s'opérer au milieu de nous, et nous bénissons l'Auteur de tout bien qui sait inspirer à ses saints des œuvres si admirables.

Le prêtre est l'homme de Dieu, parce qu'il enseigne ses voies et ses commandements à toute créature. Petits et grands, riches et pauvres, savants et ignorants, nous avons remarqué que le bon prêtre se croit redevable à tous, que son ministère appartient à tous (*Rom.* 1. 14), et qu'ainsi rien ne peut le dispenser d'annoncer à tous l'Évangile du salut. Comme il sait condescendre à la faiblesse de leur âge, aider et soutenir leur fragilité, développer leur intelligence, encourager leurs efforts ! ... Voyez avec quel empressement et quelle sagesse il trace aux adolescents la conduite qu'ils doivent tenir en apparaissant sur la mer orageuse de ce monde, où il y tant de dangers et tant d'écueils ! Voyez encore avec quelle douce et sage direction il sait entretenir dans les familles le respect filial et la soumission, à côté de l'autorité paternelle et comme il enseigne aux époux la noble tâche qu'ils ont à remplir !

Le prêtre est l'homme de Dieu, il est bien aussi l'ami de ses frères ; nous le voyons tous les jours, de tous côtés nous entendons répéter son éloge, parce qu'il aime l'ouvrier, qu'il l'encourage, qu'il bénit et sanctifie son travail. Oh ! comme il s'identifie avec les labeurs du père de famille dont il comprend parfaitement les fatigues et souvent les tribulations ! Comme il sait délicatement lui venir en aide quand il le faut ; comme la jeune famille grandit bénie de Dieu et du bon prêtre ! L'asile, l'orphelinat, l'école, le collége même, l'académie et l'université ; rien n'échappe à la vigilance du bon pasteur, du ministre de Jésus-Christ. Qu'il s'appelle Sorbon, de la Salle, L'Épée, Sicard, Dupuch, Beaulieu [1], nous allions prononcer un autre nom, peu importe, il est prêtre, il fait le bien. Qu'il aille, missionnaire intrépide, jusqu'aux extrémités du monde porter le nom de Jésus-Christ, et que descendu sur une terre sauvage il y trouve la mort, la palme du martyre ; ou bien, qu'ouvrier obscur et infatigable il passe par toutes les épreuves d'un long ministère, et consente à vivre ignoré, quel que soit son nom et sa famille, voilà le prêtre. Son nom c'est *Monsieur le Curé*. Ce nom modeste, si humble et toujours si cher, renferme tout ; c'est le nom auquel on reconnaît l'homme de Dieu, qui se fait tout à tous, pour gagner toutes les âmes à Jésus-Christ.

Comment enfin le prêtre ne serait-il pas l'homme de Dieu puisqu'il est dépositaire de ses dons, l'interprète de ses volontés, le dispensateur de ses mystères ? A l'autel, au saint

[1] M. Beaulieu, missionnaire du diocèse de Bordeaux, décapité en Corée, le 8 mars 1866.

tribunal, dans la chaire de vérité, il n'élève les mains et la voix que pour bénir ; sans cesse occupé de son troupeau, sentinelle vigilante, il semble être partout à la fois pour faire du bien à tous... Non-seulement il s'occupe du temps présent pour le salut des âmes, mais il va même jusqu'à lire dans l'avenir ; et déjà conduit par l'esprit de Dieu, il a distingué, choisi, protégé de jeunes lévites, qui heureux d'imiter un maître si parfait, feront aussi à leur tour l'honneur de l'Église et par leur ministère et par leurs vertus. Oui, la charité de notre bon prêtre s'étend à tout, rien ne saurait lui rester étranger ; son zèle est infatigable, sa charité ne ne tarit et ne s'épuise jamais. C'est à ces traits que nous reconnaissons le bon prêtre, et personne au monde ne pourra jamais ôter de notre cœur cette profonde conviction ; pour nous c'est le tribut de l'amour filial, de la reconnaissance et de la loyauté.

Mes Frères ! je ne me lasse pas de vous entendre ; mais où vais-je pendant ce temps-là ? ma tâche est-elle bien remplie ? dites-le-moi vous-mêmes ; est-ce bien là ce que vous attendiez de moi ? Et vous mon Frère vénéré, pensez-vous que je me sois éloigné du but ? Vous, mes Frères, vous attendiez peut-être davantage, c'est-à-dire beaucoup plus de compliments et de félicitations à l'adresse de votre bon pasteur ; et vous, prêtre vénéré, vous attendiez beaucoup moins, puisque vous m'aviez défendu de vous adresser des éloges. Mais voyez un peu : j'ai pris un moyen terme ; je me suis abstenu et j'ai laissé parler votre cher troupeau. Permettez-moi du moins de m'associer à son témoignage et de joindre ma voix à sa voix. Permettez-moi aussi, mes Frères, de partager la haute et juste idée que vous avez de votre bon pasteur.

Oui, comme vous, j'estime et je vénère le saint prêtre, qui célèbre aujourd'hui la cinquantième année de son ordination de son sacerdoce. Comme vous j'ai suivi et admiré cent fois les pieuses inventions de son zèle et de sa charité. Louons-le tous ensemble et bénissons le Seigneur, qui l'a conservé jusqu'à ce jour. Louons tout à la fois et le ministère et le ministre; le saint ministère d'abord, ce ministère si saint, si noble, si redoutable, que les plus grands saints n'ont eux-mêmes envisagé qu'avec une respectueuse frayeur. Le ministre ensuite ! Oui, le ministre du Seigneur, comment ne pas respecter, ne pas aimer le bon prêtre qui, d'un pas solide et sans broncher un seul instant, a parcouru cette longue et sainte carrière ? Cinquante ans d'ordination ! Cinquante ans de sacerdoce ! Cinquante ans de ministère ! Quelle noble tâche ! Quelle sainte et sublime mission ! Quelle gloire et quel honneur pour celui qui l'a dignement remplie ! *Quam gloriam adeptus est !* (Eccl. 46, 3.)

N'oublions pas cependant, mes Frères, et votre bon pasteur le sait bien, que toute grâce excellente et tout don parfait vient d'en haut et descend du père des lumières qui ne peut recevoir ni changement ni altération (Jac. 1, 17). C'est donc à cette source pure et intarissable que nous irons tous puiser la charité, la sagesse et la foi. C'est bien là, mon cher et vénéré Confrère, c'est aux sources du Sauveur et dans son cœur sacré, que vous êtes allé puiser vous-même les dons précieux que vous avez si largement dispensés à votre bien-aimé troupeau. Vous avez parfaitement compris et toujours mis en pratique le sage conseil de l'Apôtre saint Paul : *Tu autem, ô homo Dei !* Pour vous, ô homme de Dieu ! suivez en tout sa justice, la piété, la charité, la patience, la douceur. Soyez fort et courageux dans le saint combat de la foi; travaillez à remporter le prix de la vie éternelle (1 Joan. 6, ỹ. 11, 12). Nous vous la désirons sincèrement. Mais en terminant, nous ne nous permettrons pas de vous bénir. Bénissez-nous plutôt vous-même. Bénissez votre vieil ami, heureux mille fois de recevoir votre bénédiction. Bénissez votre bon peuple, qui attend de vous cette nouvelle preuve de votre ardente charité. Bénissez-nous tous, cela nous portera bonheur. — *Amen.*

SERMON

SUR

LE SACERDOCE

PRONONCÉ

Par M. l'abbé GAUSSENS

Curé de Saint-Seurin de Bordeaux.

> *Habebitis hunc diem in monumentum,
> et celebrabitis eam Domino in generatio-
> nibus vestris.*
>
> Vous vous souviendrez de ce jour....
> Vous en célébrerez solennellement la mé-
> moire dans la suite des temps.
>
> (EXODE, 12, ẏ. 14.)

MES FRÈRES,

S'il est un jour dans la vie dont il faille se souvenir, et
dont on doive célébrer avec éclat le glorieux et touchant
anniversaire, c'est pour le prêtre le jour de son ordination
sacerdotale. Ce jour a laissé en lui une trace profonde, inef-
façable, ce jour où Dieu lui-même l'a choisi, l'a séparé du
monde, lui a mis autour du front le diadème sacerdotal, l'a
fait son ministre, son représentant auprès des hommes, lui
a confié des pouvoirs qui n'ont pas été donnés aux anges
mêmes ! O Dieu, quel souvenir ! Et pourrait-il jamais ce
souvenir s'effacer de notre mémoire ? Je vous le demande à
vous, mes vénérés confrères, à vous au nom de qui je parle
aujourd'hui.

Chaque fois que le temps dans sa course, ramène ce jour,
le prêtre ému, reporte sa pensée vers le passé, remercie
Dieu, et célèbre en son cœur cet heureux anniversaire. A
mesure qu'il avance dans la vie, cette solennité lui devient
plus chère, ce souvenir plus précieux; enfin, s'il plait à Dieu
de lui verser une assez grande abondance de jours, vient
une année, la cinquantième, le demi-siècle complet, une

année où sa reconnaissance ne se peut plus contenir, où elle éclate, où les sentiments qui remplissent son âme demandent à se répandre, à se traduire aux yeux de tous, des prêtres ses frères, des fidèles, ses enfants, à se traduire par une de ces fêtes dont la terre offre peu d'exemples et dont il faudrait aller chercher le modèle dans le ciel.

Eh bien ! mes Frères, c'est une de ces fêtes que nous célébrons aujourd'hui, c'est le cinquantième anniversaire du sacerdoce de votre vénéré et bien-aimé pasteur. Je ne suis pas étonné du concours que cette solennité a provoqué dans cette église de la part du clergé heureux de s'associer aux joies si légitimes de celui qu'il regarde comme un père et un modèle, de la part des fidèles parmi lesquels il n'en est pas un à qu'il n'ait fait quelque bien.

Donc, mes Frères, le Samedi des Quatre-Temps de Septembre 1816, quelques jeunes lévites étaient agenouillés devant un pontife octogénaire, dans la chapelle de son palais. Monseigneur d'Aviau du Bois de Sanzay, de si sainte et de si vénérée mémoire, conférait le sacerdoce à ces lévites. Votre bien-aimé pasteur était l'un d'eux, et le lendemain 23 Septembre, il y a aujourd'hui 50 ans, jour pour jour, ce vieillard objet de nos respects et de nos pieuses sympathies, jeune alors, mais encore plus paré des charmes de la piété que des grâces de la jeunesse, célébrait pour la première fois l'auguste sacrifice. L'Église commençait à réparer ses pertes. L'Église ! elle avait été si maltraitée pendant les années qui précédèrent cette époque ! Elle avait été si malheureuse ! Elle sortait d'une des plus cruelles et des plus violentes épreuves qu'elle eût jamais eu à subir, particulièrement en France. L'échafaud, les prisons, l'exil, les noyades avaient décimé le clergé dans notre patrie, le clergé bordelais peut-être plus que tout autre. Le marteau révolutionnaire avait démoli les temples, les doctrines perverses avaient envahi les intelligences et cruellement ravagé les âmes. En 1816, l'Église de Bordeaux sortait de ses ruines ; les semences jetées en terre depuis la restauration du culte allaient porter leurs premiers fruits. Les premiers lévites

entrés dans les séminaires après la cessation de l'orage,
recevaient le sacerdoce et se préparaient à remplir quelques
uns des vides que la persécution avait faits dans les rangs de
la milice sainte. Qu'il dut être beau, qu'il dut être émouvant
pour ces jeunes ecclésiastiques, pour ces prémices d'une
génération nouvelle, ce moment ou l'Évêque entouré de ses
prêtres, leur imposa les mains ! Cet Évêque était un confesseur
de la foi, qui, comme tant d'autres, obligé de s'exiler, avait
rompu son ban et au risque de sa vie, au mépris de lois
meurtrières, plus que sexagénaire, avait parcouru sous divers déguisements les montagnes de son diocèse de Vienne,
pour offrir son ministère à des peuples laissés sans pasteur. Ces
prêtres, c'étaient les restes bien pauvres mais bien précieux
de cette brillante armée sacerdotale, que les fureurs déma-
gogiques avaient dispersée. C'étaient des veillards respectables
échappés au glaive des persécuteurs. Ils imposaient leurs
mains aux nouveaux prêtres, ces mains dont plusieurs avaient
porté des chaînes ; ils appellaient sur ceux qui devaient les
remplacer dans la carrière sacrée, l'esprit de zèle, de force,
de foi et de dévouement dont ils étaient si pleins et dont ils
avaient donné tant de preuves. Vénérables vieillards, pieux
confesseurs de l'Église de Bordeaux, généreux martyrs, vous
avez été exaucés ; les fils ont été dignes des pères, nous
jugeons des autres par celui que nous avons aujourd'hui sous
les yeux ! Cinquante ans du sacerdoce le plus pur, le plus
dévoué, le plus désintéressé, sont là pour rendre témoignage.
Ces cinquante ans de quoi ont-ils donc été faits ? Quels travaux les ont remplis, quels dévouements, quels sacrifices ?
ces cinquante ans quels ignorants ont-ils instruits, quels affligés ont-ils consolés, quels pauvres ont-ils secourus, quels pécheurs ont-ils réconciliés, quels malades ont-ils visités,
quels mourants ont-ils introduits dans la patrie ? Ces cinquante ans quelles sollicitudes ont-ils portées, quelles peines
ont-ils dévorées dans le maniement secret des âmes ! Ces
cinquante ans, quels vœux ont-ils fait monter vers le ciel !
Quelles grâces en ont-ils fait descendre ? Ces cinquante ans,
encore une fois, de quoi sont-ils faits ? Est-ce à moi de le

dire, mes Frères, à moi qui n'ai vu qu'à de rares intervalles ce prêtre que vous avez vu tous les jours, qui n'ai fait qu'ouïr le lointain renom de ses vertus, tandis que vous les avez contemplées? Est-ce à moi de dire quelles œuvres ont signalé ces cinquante ans? N'est-ce pas plutôt à vous, habitants de Saint-Louis et de Saint-Martial, vous pour qui ce prêtre a été fait, pour qui il a vécu, qui avez joui de lui à l'exclusion de tous autres, parlez, parlez, fidèles de tout âge, enfants, jeunes gens, homme faits, vieillards, parlez ; dites ce que vous savez, ce que vous avez vu. Mais non : suivons le conseil de l'Esprit-Saint et ne louons qu'après la mort. En attendant, plaçons-nous à un point de vue moins personnel, élevons-nous à des considérations plus générales et faisons ensemble quelques réflexions sur le rôle du prêtre dans la société, sur sa part d'action dans l'œuvre commune qui n'est autre que le bien de l'humanité. Quelle est-elle cette part du prêtre? Que donne-t-il à la société en échange de ce qu'il en reçoit ? Il reçoit de la société la considération, le respect, la bienveillance souvent, et les plus cordiales sympathies. Il reçoit le pain terrestre et matériel nécessaire à sa subsistance et au soutien de son ministère. Encore une fois, que donne-t-il en échange ? Des biens que le monde apprécie peu, parce qu'ils ne tombent pas sous les sens, et ne servent pas à ses grossières jouissances ; des biens qui ne sont ni l'or, ni l'argent, ni le plaisir; des biens qu'on oserait à peine nommer si l'on ne parlait à une assemblée chrétienne, comme celle que j'ai sous les yeux. Ce que le prêtre donne à la société ? Deux choses, je le répète, qui n'ont plus de valeur auprès de bien des gens de notre siècle, je dirai presque qui n'ont plus de cours, la VÉRITÉ et la GRACE !

Quand le Fils de Dieu, le Verbe éternel vint sur la terre, ce fut là les biens qu'il y apporta : *Gratia et veritas per Jesum Christum facta est* (Joan. I, v. 17). Ces biens dont il était plein, se répandaient au dehors et rayonnaient de toute sa personne. Ils formaient autour de lui comme une auréole divine qui servait à le faire reconnaître, et tous ceux qui le reçurent et adorèrent en lui le Fils unique du Très-Haut venu pour sauver le monde, le virent aussi tout plein de grâce et de vérité : *Vidimus gloriam ejus, gloriam quasi unigeniti à Patre, plenum gratiæ et veritatis.*

Mais ces biens précieux qui avaient si fort manqué au monde avant la venue de Jésus-Christ, Jésus-Christ, en remontant au ciel, les a-t-il donc emportés avec lui? Non, mes Frères, il les a remis aux mains des prêtres et leur a commandé d'en poursuivre après lui la diffusion et la distribution toujours et partout, dans tous les lieux et à travers tous les siècles : *Gratia et veritas per Jesum Christum facta est.*

« Allez, dit-il à ses Apôtres et dans leur personne à tous
» les prêtres, enseignez toutes les nations, c'est-à-dire,
» donnez à toutes les nations la vérité, la vérité qui est leur
» lumière, lumière morale et intellectuelle, non moins né-
» cessaire aux âmes que la lumière naturelle n'est nécessaire
» aux corps. Donnez cette vérité à tous, parce que tous en
» ont un absolu, un indispensable besoin : *Omni creaturæ.* »

C'est ce bien, mes Frères, ce bien inappréciable de la vérité que les prêtres vous donnent, c'est ce bien qu'un pasteur a mission de répandre dans sa paroisse. C'est là le pain qu'il doit rompre à tous, aux grands, aux petits, aux savants même aussi bien qu'aux ignorants, à tous les âges, à toutes les conditions. Les petits enfants viennent lui demander ce pain, il le leur donne avec amour; les jeunes gens, les hommes faits, les vieillards le réclament de ses mains libérales, il le leur distribue avec bonheur. A mesure que les générations s'élèvent et se succèdent autour de lui, il les appelle, il les instruit, il leur apprend à connaître Dieu, à l'aimer, à le servir; il leur apprend à se connaître elles-mêmes, à connaître leurs devoirs, leurs espérances, leurs destinées. Au-dessus de ce monde visible, terrestre et passager, il leur fait voir un autre monde invisible, céleste, éternel. Il élève leurs pensées, il épure leur affections, il sanctifie leurs œuvres. Il apprend aux enfants ce qu'ils doivent à leurs parents, aux épouses ce qu'elles doivent à leurs maris, aux serviteurs ce qu'ils doivent à leurs maîtres. Il apprend aux parents, aux maris, aux maîtres ce qu'ils doivent à leurs enfants, à leurs épouses, à leurs serviteurs. Il établit ainsi, il entretient la paix, l'union, la charité dans les familles et entre les membres divers de son troupeau ; et, chose admirable ! en procurant l'instruction morale et religieuse des siens, il procure de la manière la plus sûre et la plus efficace leur bonheur ici-bas.

Cette œuvre de la diffusion de la vérité, c'est pour le pasteur, l'œuvre de tous ses jours, je pourrais dire de tous ses instants. Catéchiste, prédicateur, confesseur, homme du dehors même aussi bien qu'homme du dedans, le prêtre, le le pasteur surtout, instruit, enseigne toujours, *Docete*. En chaire, au tribunal sacré, au sein des familles, il enseigne, il donne tantôt des instructions générales, tantôt des avis particuliers, bégayant avec les enfants et leur offrant le lait qui convient à leur âge, parlant un langage plus élevé aux grandes personnes et leur présentant la nourriture plus solide que réclame la maturité de leurs années.

Mais quand le pasteur a ainsi donné, répandu la vérité, sa tâche est-elle finie et son rôle accompli ? Non certes, mes frères, non, il ne suffit pas que le pasteur donne la vérité à ses fidèles, il faut encore qu'il leur en assure la possession ; car il court tant de risques en eux, ce trésor de la vérité ! Il y a par le monde tant de mains scélérates qui s'efforcent de le ravir à ceux qui le possèdent ! En face de la chaire de vérité, il y a tant de chaires de pestilence ! Il y a tant d'organes aujourd'hui, tant de voix pour propager le mensonge ! Ah ! une chose nous étonne, c'est qu'avec de tels moyens d'enseigner l'erreur et de la faire prévaloir, la vérité subsiste encore dans quelques âmes ! Écoutez et vous serez effrayés. Que de voix se font entendre, ennemies de Jésus-Christ et de son Église, ennemies des âmes et de la vérité, lumière des âmes ! Écoutez, c'est la voix des journaux, c'est la voix des romans, c'est la voix des théâtres, c'est la voix de la science de la science orgueilleuse et fausse, c'est la voix de l'érudition, de l'érudition hypocrite et menteuse ; c'est la voix de tous ceux qui ont juré la ruine du Christianisme, et qui cherchent à détourner de ses sentiers les peuples, en faisant briller à leurs yeux je ne sais quel prétendu progrès, qui n'est et ne peut être qu'un recul vers le passé, vers la barbarie, vers les ténèbres, vers la mort; car, en dehors de Jésus-Christ, c'est-à-dire de celui qui est la voie, la vérité et la vie, il n'y a pour les sociétés, comme pour les individus, qu'égarement, mensonge et ruine : *Ego sum via, veritas et vita.*

En présence d'une telle conjuration contre la vérité, que fera le pasteur? Il la défendra, il prendra le bouclier de la Foi, le casque du salut, le glaive de la parole divine. (*Eph.* 6, v. 46). Il avertira ses brebis, il les détournera des voies de l'erreur, il les écartera des pâturages malsains, il redoublera de zèle pour leur annoncer, pour leur faire aimer, accepter la vérité; il la parera à leurs yeux de tous les attraits, de tous les charmes dont elle est susceptible. Mais seul contre tant d'ennemis, que peut-il faire? quelle peut être son autorité, sa force de persuasion? Seul, dites-vous? mais est-ce donc qu'il est seul? Ce sont ses adversaires qui sont seuls, les adversaires de la vérité qui s'accordant pour combattre la vérité, ne s'entendent plus quand il s'agit de mettre quelque chose à sa place ; ce sont les adversaires de la vérité qui n'ont à vous donner chacun que ses propres pensées, vaine poussière sans poids, sans consistance, et que le vent emporte. Ici, c'est un folliculaire, écrivain imberbe à peine échappé des bancs du collége, qui prétend se faire votre maître et réformer l'éducation que vous a donnée l'Église; là, un philosophe superbe qui rajeunit péniblement des systèmes vingt fois émis déjà, et vingt fois tombés sous le mépris public; plus loin, un romancier impudent qui vous envoie ses feuilles immorales, produit d'un cœur corrompu, ou d'un cerveau échauffé par l'orgie. Ce sont ceux-là qui sont seuls, et qui ne nous offrent d'autre autorité que la leur propre, l'autorité d'un esprit égaré, d'une humeur bizarre, ou d'une âme méchante. Mais le prêtre, le pasteur qui parle et instruit son troupeau, ne vous y trompez pas, il n'est pas seul. Il est avec ses frères, prêtres et pasteurs comme lui, il est avec son évêque, il est avec le Pontife suprême, il est avec l'Église universelle, c'est-à-dire, avec 200 millions de catholiques tous unis dans la même Foi, cette Foi même que le pasteur prêche ; il est avec les pontifes, les docteurs, les saints des âges passés, qui ont cru, enseigné depuis dix-huit siècles ce qu'il croit et enseigne lui-même aujourd'hui. En l'écoutant ce n'est donc pas lui que vous écoutez, mes Frères, c'est le chef suprême de l'Église, c'est l'Église elle-même ; c'est le génie, c'est la vertu, c'est la tradition, c'est le passé, c'est le présent, c'est l'avenir ; en un mot, c'est Jésus-Christ lui-même, Jésus-Christ la vérité : *Ego sum veritas* ; Jésus-Christ parlant par l'organe de son église, avec laquelle il est et sera jusqu'à la consommation des temps : *Ecce ego vobiscum sum.*

Le premier bien que le prêtre donne à la société, c'est donc la vérité, mais la vérité pure, sans ombre et sans mélange. Le second bien que la société reçoit de lui, je vous l'ai déjà dit, c'est la grâce : *Plenum gratiœ et veritatis.*

La vérité, en effet, ne suffit pas pour faire vivre l'homme, je ne dis pas de cette vie naturelle, qui ne saurait plus nous satisfaire pleinement depuis que Dieu nous a permis de porter plus haut notre ambition, mais de cette vie surnaturelle, qui n'est autre que la vie même de Dieu, à laquelle nous sommes appelés à participer ; la vérité ne nous suffit pas pour cela, il nous faut encore la grâce. Et Jésus-Christ, en effet, est venu apporter au monde la grâce et la vérité, *Plenum gratiœ et veritatis.* Il a été non-seulement la lumière du monde, il en a été encore la vie : *Veritas et vita.* Il est venu pour répandre cette vie dans les âmes : *Veni ut vitam habeant et abundantius habeant* (Joan, X, v. 10). Et pas plus que la vérité, il n'a emporté la vie en remontant au ciel, sa véritable patrie. Non, il a laissé l'une et l'autre ici-bas entre les mains des prêtres, pour qu'ils les distribuassent libéralement à leurs frères. Lumière du monde, les prêtres en sont aussi le sel, sel vivifiant et conservateur : *Vos estis lux mundi, vos estis sal terrœ.* Le trésor de la grâce, ce riche trésor, fait des miséricordes de Dieu et des mérites de Jésus-Christ, de ses travaux, de ses souffrances, de ses humiliations, de son sang et de sa mort, ce trésor est aux mains des prêtres, et ils ne demandent qu'à le répandre. Cette source inépuisable de grâces, qui jaillit du Calvaire et va former ces larges fleuves qui arrosent l'Église et la fécondent, les prêtres en ont la disposition, et ils crient à tous en leur présentant ces eaux vivifiantes : *Omnes sitientes, venite ad aquas* (Isaïe, 55, v. 1). Venez, venez, vous tous qui avez soif (eh ! qui n'aurait pas soif, dans ce désert si nu, si aride de la vie ?), venez vous abreuver aux eaux de la grâce. Voici l'eau du baptême, elle vous purifiera du péché, vous délivrera de la mort et vous donnera une seconde vie. Voici le bain de la pénitence. La vie que vous avait donnée le baptême, vous l'avez perdue. Vous la retrouverez dans ces eaux salutaires : *Venite ad aquas.* Voici d'autres sources encore, ayant chacune une vertu particulière, adaptée à vos divers âges, à vos divers états et à vos divers besoins. Celle-ci sanctifie l'union de votre destinée à une autre destinée, vous prépare au titre sacré de père et de mère, et bénit à l'avance la famille dont vous allez être les chefs. Cette autre purifie vos membres, vos membres auxquels un long exercice de la vie a fait peut-être contracter bien des souillures. Cette dernière..... Mais c'est là la source par excellence ; elle renferme non pas seulement la grâce, non pas seulement la vie, mais l'auteur même de la vie, l'auteur même de la grâce. Venez, venez vous abreuver à cette source auguste, venez vous rassasier à ce banquet sacré. Vous ne sauriez trouver ailleurs une vie plus large, plus forte, plus abondante : *Qui manducat meam carnem, et bibit meum sanguinem habet vitam æternam* (Joan., 6, 55).

C'est ainsi que le prêtre, le pasteur, distribue la vie par la voie des sacrements dont il est le ministre. Mais il l'appelle, cette vie, des hauteurs célestes, il la fait descendre et la répand par d'autres voies encore, par la prière et le sacrifice.

Le prêtre est essentiellement un homme de prière, comme d'autres sont des hommes de travail, des hommes de commerce, des hommes d'affaires ; le prêtre, le pasteur, est un homme de prière. Médiateur entre le ciel et la terre, il porte auprès de Dieu les vœux de ses frères, il apaise la justice du Très-Haut, il implore ses miséricordes. Il élève ses mains vers le ciel ; il gémit au pied des saints tabernacles. Sept fois le jour, avec la milice cléricale, avec la milice religieuse, avec ces deux milices répandues sur la surface du globe, il dit les louanges de Dieu, il sollicite ses faveurs pour le troupeau dont la garde lui est confiée, et les grâces accordées au troupeau sont d'ordinaire en rapport avec la ferveur, avec la sainteté des prières du pasteur.

Mais, de toutes les prières offertes à Dieu par le pasteur, la plus efficace, la plus puissante, c'est le sacrifice, d'autant plus puissante et plus efficace, que ce n'est plus la prière du prêtre, c'est la prière de Jésus-Christ offerte à Dieu par le prêtre, et celle-ci est toujours exaucée : *Exauditus est pro suâ reverentiâ* (Heb., 5, v. 7); *Ego sciebam quia semper me audis* (Joan., 11, v. 62). Eh bien ! tous les jours, le pasteur monte à l'autel, tous les jours il y apporte le souvenir de ses ouailles, de leurs besoins, de leurs misères, de leurs faiblesses ; tous les jours il prie Dieu de les préserver du mal, du mal physique, de la maladie, de l'affliction, et surtout du mal moral, c'est-à-dire du péché : *Rogo ut serves eos à malo* (Joan., 17, 15). Ah ! si le nuage qui couvre nos yeux mortels venait à se déchirer, que de grâces nous verrions découler de ce sacrifice sur les âmes, à la voix du père priant pour ses enfants ! grâce de force, grâce de piété, grâce de sainteté, grâce de persévérance ; et ces grâces, elles vont surtout aux âmes fidèles, aux âmes qui entourent le pasteur et se rapprochent de lui par leur assistance pieuse et assidue au sacrifice d'où ces grâces dérivent : *Ecce ego et pueri mei quos dedisti mihi*, Me voici, moi et les enfants que vous m'avez donnés. Seigneur, bénissez-les, ces enfants, bénissez-les dans leurs familles, bénissez-les dans leurs biens, bénissez-les dans leur corps, bénissez-les dans leur âme. Qu'ils soient bons, qu'ils soient saints, qu'ils soient justes ! Qu'aucun d'eux, Seigneur, ne périsse, qu'aucun ne se sépare du troupeau, qu'aucun ne s'éloigne de vous ; que tous, un jour, pasteur et fidèles, père et enfants, que tous nous nous retrouvions réunis au pied de votre trône, dans votre temple éternel, comme nous sommes réunis aujourd'hui au pied de votre autel dans votre temple de la terre ! Telle est la prière journalière du prêtre unie à la prière de Jésus-Christ au divin sacrifice.

Voilà, mes Frères, comment le prêtre paye sa dette à la société ; voilà le bien qu'il lui donne, en échange des biens qu'il en reçoit, la vérité, la grâce, c'est-à-dire la lumière et la vie des âmes. Ah ! le monde estime peu ces choses ; et cependant ce sont ces choses-là qui le font vivre. Que deviendrait le monde sans la vérité et sans la grâce ? Si la vérité venait à disparaître de la terre, si ce soleil qui éclaire les âmes venait à s'éteindre, quelle nuit épaisse ! quelle nuit profonde, grand Dieu ! Les nations épouvantées iraient à tâtons ; les nations se choqueraient avec fracas, et s'entre-détruiraient ; les institutions crouleraient les unes sur les autres, la société tomberait dans le chaos. Or, sans le sacerdoce catholique, que serait la vérité ? qui en tiendrait, qui en montrerait aux peuplesle divin flambleau toujours allumé ? Que les milliers, les millions de voix sacerdotales qui annoncent partout la vérité, vinssent à se taire, quel vide immense dans le monde intellectuel et moral ! Quoi, malgré le secours incessant, malgré l'appui fidèle et ferme que lui donnent les pontifes et les prêtres, la vérité a tant de peine à se soutenir, et à vivre, que serait-ce si ce secours et cet appui venaient à lui manquer ! que serait-ce si les digues opposées à l'erreur par les mains sacerdotales venaient à tomber ! Quel débordement du mensonge sur le monde ! et par suite quels désordres ! quels excès ! quels malheurs de toute sorte ! Car le bien, mes Frères, même le bien matériel, est fils de la vérité, et le mal, même le mal physique, est fils du mensonge.

Le monde prise encore moins la grâce que la vérité. Et cependant que serait le monde si quelques gouttes de vie divine ne circulaient dans ses veines, si cette vie, comme un bienfaisant arome, ne combattait en lui, ne neutralisait, du moins en partie, la corruption native qu'il porte en son sein et qui menace sans cesse de le perdre ! Que serait la terre si les saints disparaissaient de sa surface ! Que deviendraient les sociétés, si un certain nombre d'âmes ne se trouvaient parmi elles, pratiquant les plus hautes vertus en face des plus horribles vices , maintenant par une vie pure , honnête , sainte , les droits si souvent méconnus du bien , et empêchant le mal de prescrire ? Or, qui répand la vie divine dans le monde ? qui y entretient la sainteté ? qui forme icibas des hommes purs, honnêtes , dégagés des hontes morales qui couvrent et souillent tant d'âmes ? N'est-ce pas le prêtre ? Comme il est la lumière du monde, n'en est-il pas aussi le sel ? Ah ! il y a tant de mal parmi nous ! Les crimes , les désordres de toute espèce se multiplient dans des proportions effrayantes, malgré les efforts du sacerdoce , malgré ses cris, ses protestations, ses avertissements de tous les jours ; que serait-ce donc si le sacerdoce se taisait, si, non content de se taire, il connivait, comme le sacerdoce ancien , à la corruption publique ? Ah ! le paganisme reparaîtrait parmi nous avec son hideux cortége de vices dégradants, de turpitudes sanglantes , tels qu'on le vit aux plus mauvais jours de la décadence romaine ! Mais que dis-je ? Il a reparu parmi nous le paganisme avec ses affreux scandales, et s'il n'a pas encore envahi la société tout entière, s'il ne s'en est pas rendu toutà-fait maître, c'est que le sacerdoce , c'est que l'Église, par les mains du sacerdoce , l'arrête et lui fait obstacle. Encore une fois, voilà ce que le sacerdoce fait pour les âmes.

Je n'ai pas dit ce qu'il fait pour les corps , les aumônes matérielles qu'il répand , les misères corporelles qu'il soulage. A quoi bon ? Le prêtre a été établi surtout pour les âmes. Les âmes sont le but essentiel que se propose le prêtre. Pour le prêtre, les corps ne sont qu'un objet secondaire. Comme le divin Maître dont il tient la place, le prêtre est envoyé pour sauver ce qui a péri , pour chercher ce qui est perdu ; et ce qui a péri , ce qui est perdu, ce que Jésus-Christ et ses prêtres veulent par-dessus tout retrouver et sauver, ce sont les âmes, les âmes faites à l'image de Dieu , les âmes rachetées par le sang de Jésus-Christ. C'est pour les âmes que le prêtre travaille, pour les âmes qu'il donne son temps, ses forces, sa santé, sa vie : *Impendam et superimperdar ipse pro animabus vestris.* Le prêtre travaille pour les âmes, et jusqu'à quel âge donc travaille-t-il ainsi ? Quand donc

arrive pour lui le temps du repos? Mes Frères, je suppose
qu'à la place de ce prêtre vénéré, qui célèbre aujourd'hui le
cinquantième anniversaire de ses épousailles sacerdotales,
vous ayez sous les yeux, ce qui se présente quelquefois, un
couple chrétien solennissant au pied des autels le cinquantième anniversaire aussi de son mariage religieux. Ce sont
deux vieillards au front desquels le travail et les soucis ont
mis leur empreinte autant au moins que les années. Ils ont
élevé de nombreux enfants; et aujourd'hui, ces enfants de-
venus hommes, et les enfants de leurs enfants, les entourent d'une sainte et glorieuse couronne. Ils viennent remer-
cier Dieu, ces heureux vieillards, des bénédictions qu'il a
données à leur longue et prospère union. Mais aujourd'hui
leur œuvre est achevée, leur mission accomplie. Ne leur
parlez plus de travail, d'efforts nouveaux, d'entreprises nou-
velles. L'heure du repos a sonné pour eux. Ceux à qui ils
donnèrent la vie ne permettraient même pas que leurs vénérés parents usassent dans des travaux hors de saison le peu
de jours que la Providence leur réserve encore.

Pour le prêtre, mes frères, il n'en va pas ainsi. Le prêtre,
lui, ne se repose que dans la tombe. Ce vieillard vénérable,
votre pasteur, nous a-t-il donc rassemblés aujourd'hui pour
clore en notre présence sa carrière sacerdotale? N'est-ce pas
plutôt pour raviver ses forces, pour ranimer son courage,
dans cette cérémonie touchante, dans ces sympathies si vives
et si vraies dont ses confrères, dont ses paroissiens l'entourent, pour y renouveler sa jeunesse en quelque sorte, et reprendre ensuite son œuvre avec un nouvel entrain! Et en effet
demain vous le reverrez dans les travaux de son ministère pastoral, vous lo reverrez demain ce qu'il était hier, ce qu'il
était il y a dix, vingt et cinquante ans, aussi ardent, aussi
zélé, aussi actif, je dirai presque aussi alerte qu'aux jours de
son jeune sacerdoce, en chaire, au confessionnal, auprès des
malades, autour des affligés, à la poursuite des pécheurs. Et
puisse-t-il se montrer tel encore de longues années! C'est
notre vœu, mes Frères, c'est le vôtre, c'est celui du vénéré
Pontife qui gouverne ce diocèse, c'est celui de l'Église

qu'honorent les cheveux blancs de ses ministres, quand ils s'unissent au mérite, aux vertus et aux longs services!

Mais enfin, mes Frères, que conclure de cet usage assez général où est le prêtre, où est le pasteur d'aller au bout de ses forces dans le ministère que Dieu lui a confié, d'épuiser dans les travaux sacrés jusqu'aux dernières gouttes de sa vie, contrairement à ce qui se pratique dans les carrières profanes? Que conclure? C'est que l'œuvre que nous faisons est infiniment au-dessus de celles que vous faites, plus haute, plus sérieuse, plus importante mille fois. Oui, vous êtes âpres au gain, nous vous le reprochons quelquefois, vous courez après la fortune avec une ardeur qui nous paraît parfois excessive. Hé bien! vous êtes moins âpres au gain de l'or, que nous ne le sommes, nous, au gain des âmes. Vous courez après la fortune avec une ardeur moins vive et surtout moins persévérante, que nous après le salut de nos frères. Vous vous arrêtez avant nous; après trente ans dans la plupart des carrières mondaines on se retire, on songe au repos; après 50 ans, dans la carrière ecclésiastique on travaille encore. Ah! c'est que nous avons à faire une œuvre immense, une œuvre qui n'est jamais achevée, une œuvre qui recommence tous les jours, l'œuvre de la sanctification des âmes. Jeunes gens, vieillards, hommes mûrs, il faut que tous y concourent. Ce n'est pas trop dans les temps périlleux où nous sommes, et, vu la difficulté de notre recrutement, ce n'est pas trop de tous les soldats de la milice sainte, conscrits et vétérans, pour mener à bonne fin la mission que nous avons acceptée. D'ailleurs notre chef ne s'est reposé qu'à la mort, et nous ne saurions suivre un plus haut et plus digne modèle. Que vos efforts, mes Frères, que votre docilité, que votre bonne volonté nous aident à accomplir notre tâche, et que tous, après avoir noblement rempli notre devoir ici-bas, pasteurs et fidèles, nous recevions là-haut la récompense promise à nos travaux. C'est ce que nous allons demander à Dieu, mes Frères, le priant de nous bénir par les mains de otre digne et vénéré Pasteur. *Amen!*

DISCOURS

DE

M. LE CURÉ DE SAINT-MARTIAL

Les profondes, les inexprimables émotions produites en
moi par tout ce que je vois, tout ce que j'entends dans ce
grand jour, rendraient excusable de ma part un silence
d'étonnement, d'admiration et de reconnaissance. Mais puis-
je me résoudre à le garder lorsque tout me presse de parler?
Cependant, à la vue de ce sénat sacerdotal qui est venu apporter tant d'éclat à cette mémorable fête, à laquelle s'est uni
également d'esprit et de cœur, l'éminent Cardinal notre père,
qui nous conduit dans les voies du ciel, où trouverai-je des
expressions en harmonie avec les sentiments que j'éprouve?

Après avoir rendu à l'adorable Providence le tribut de mes
actions de grâces pour le bienfait inestimable dont elle m'a
gratifié, en me conservant jusqu'à ce moment, tandis que
tant de dignes confrères, infiniment supérieurs en vertus, en
talents et en mérites, laissaient à peine la trace de leur passage dans ce monde, j'ai hâte de dévoiler les délicieux sentiments de mon cœur.

Permettez-moi, vénérable Archiprêtre de la Rochelle, de
vous consacrer mes remerciements les plus empressés. A
l'appel d'une amitié qui a embaumé ma vie, vous êtes venu
avec bonheur nous édifier et nous instruire. Vos suaves et
savantes paroles ne porteront pas moins leur fruit, que l'as-
pect de votre personne. Elle nous rappelleront ces écrits

victorieux qu'enfantait jadis votre zèle pour la défense de la foi catholique, dans la cité qui se réjouit de vous posséder et où vous faites tant aimer la Religion ! Veuillez continuer à ceux qui désormais ne peuvent vous oublier, un pieux souvenir au pied des autels !

Et vous aussi, Pasteur éloquent de la paroisse Saint-Seurin, merci de la sublime prédication que nous venons d'entendre, acceptez l'hommage de notre admiration, de notre gratitude et de nos vœux les plus sincères !

Nous vous contemplons pareillement avec la plus vive satisfaction, pères et instituteurs de la jeunesse cléricale de ce diocèse, que vous formez au service du Très-Haut, comme le grand-prêtre autrefois forma le jeune Samuel. Votre présence nous honore, nous vous en remercions sincèrement.

Messieurs et vénérés Pasteurs de l'illustre cité bordelaise, vous qui marchez avec autant de noblesse que de succès à la tête du troupeau fier de vous posséder, c'était ici votre place; elle était marquée par l'amitié dont je suis heureux, et par les liens sacrés du caractère sacerdotal dont nous a décorés et enrichis le souverain Pasteur des âmes. Solidaires du bien qui peut s'opérer dans l'Église, vous avez jugé que cette fête était une occasion favorable de montrer l'union sacrée qui règne parmi nous, et de fournir à nos peuples un enseignement de respect et d'amour, une sublime sanction des doctrines qui conduisent au ciel. Que de vœux nous formons tous pour l'entier et prompt rétablissement du vénérable archiprêtre dont les douces et ineffables sympathies nous sont acquises depuis longtemps, et sont confirmées par de bien touchantes preuves !

Recevez, en même temps, l'expression de ma gratitude, Messieurs les anciens Vicaires de Saint-Martial, Frères bien chers, et si dignes coopérateurs ! Cette fête ne pouvait sans vous être complète, puisque mon cœur conserve toujours de vous un souvenir si affectueux. Je voulais, en vous faisant apparaître en ce beau jour, vous faire revenir aux premières émotions de votre sacerdoce, et procurer à nos fidèles le bonheur de vous revoir. Ils n'ont pas oublié, Messieurs, vo bontés pour eux, et les traces que vous avez laissées de vos travaux et des pieuses inventions de votre zèle !

Quelle reconnaissance ne mérite pas aussi la noble administration municipale de la ville, toujours si bienveillante à notre égard, et qui a voulu contribuer avec élan, à l'éclat de cette belle fête !

Notre église vous doit aussi beaucoup, Messieurs les Fabriciens, vous qui aimez tant à la décorer ! Persuadés que les choses visibles contribuent, comme le dit l'Apôtre, à faire connaître les choses invisibles, la sagesse et la grandeur de la divinité, vous aimez la beauté du culte, et ne cessez de répondre à nos désirs !

Quant à vous, mes bien chers Paroissiens, que puis-je vous dire de mes émotions reconnaissantes ? Qui, plus que votre pasteur, apprécie vos efforts ? Votre cœur m'est connu, je n'ignore pas l'empressement que vous avez mis tous à me préparer une fête digne de son objet. Merci de ces témoignages d'une affection à laquelle j'attache tant de prix ! Profitant des jours de recueillement et de prières que je passais auprès des enfants de saint Bruno, là où votre pensée m'était toujours présente, vous rivalisiez de zèle ici pour me prouver votre affection. Tandis que dans ce cloître antique où vécurent tant de générations de fervents cénobites, je méditais comme eux sur les jours de ma vie passée, et sur la durée de l'éternité, afin de me rendre plus digne de cet anniversaire, vous disposiez ici ces splendides guirlandes, ces oriflammes, cet arc-de-triomphe, cette inscription délicate et si bien choisie par mes intelligents et affectueux coopérateurs, inscription qui rappelle les combats du sacerdoce, et la récompense céleste qui les attend ; vous prépariez ces riches et magnifiques ornements sacerdotaux dont vous m'avez couvert ce matin, et qui symbolisent si bien la sainteté indispensable aux ministres des autels. Ces merveilleuses inventions de votre bienveillance, mes Frères, me touchent autant qu'elles me surprennent ; elles attirent même les regards des habitants de la cité tout entière. J'en apprécie l'esprit et la portée, mais que je suis loin de m'attribuer le droit d'y prétendre !

A Dieu seul, au sacerdoce qui émane de sa puissance, appartiennent l'honneur et la gloire. Il est vrai que je puis me rendre le témoignage d'un dévouement constant et inaltérable à votre égard; mais, mes Frères, pourrais-je me défendre d'un sentiment de terreur à la vue de mes nombreuses infidélités et de tout mon démérite? Par conséquent, puis-je rapporter à moi-même l'éclat de cette fête? Je crains, au contraire, que le juste Juge qui pèse nos œuvres dans la balance de son équité, ne me dise lorsque je paraîtrai à son tribunal redoutable : Tu as reçu ta récompense, *Recpisti mercedem tuam!*

Ah! mon Dieu, qu'il n'en soit pas ainsi, quelque prix qu'ait à mes yeux ce magnifique et grand spectacle. N'avez-vous pas dit, par la bouche du Sage : « Vanité des vanités, tout n'est que vanité? » Il y a cependant une exception, c'est de vous aimer, ô mon Dieu, et de ne servir que vous seul ! *Vanitas vanitatum, præter amare Deum et illi soli servire!* Que sont les objets de la terre, les splendeurs d'ici-bas, auprès de nos immortelles espérances, fondées sur vos infaillibles promesses! O Beauté toujours nouvelle et toujours ancienne, ne nous formâtes-vous pas pour vous, et notre cœur peut-il se reposer s'il ne se repose pas en vous seul? *Irrequietum est cor nostrum, donec requiescat in te.*

Mais oserais-je bien prétendre à ce céleste et ineffable repos, mes Frères? En repassant dans la douleur les longues années de mon sacerdoce, n'ai-je pas à gémir, et beaucoup? N'avez-vous pas été surpris, affligés, mes Frères, peut-être même scandalisés dans de certains actes de ma vie? L'occasion me permet de vous en demander pardon. Oubliez-les, pardonnez-les, je vous le demande avec instance, vous priant de réfléchir sur la fragilité humaine. Sa pensée seule causait les larmes du grand Apôtre, et Job se plaignait des combats qu'il avait à soutenir contre lui-même : *Quare posuisti me contrarium tibi, et factus sum mihimetipsi gravis?*

La cinquantième année, qui était celle du Jubilé des Enfants d'Israël, ouvrait les prisons, réconciliait les ennemis, éteignait les dettes, renouvelait la nation et répandait partout le bonheur et la joie. Aujourd'hui, c'est mon *Jubilé sacer-dotal*, puissé-je en recueillir abondamment, et vous aussi, mes Frères, les fruits délicieux! Vous avez beaucoup prié pour votre pasteur, je le sais, pendant les jours de sa retraite préparatoire à la solennité présente ; continuez-lui cette preuve de votre bienveillance, et travaillons de concert au parfait renouvellement de nos âmes! Puissiez-vous faire réaliser pour vous-mêmes, pour vos familles, le vœu adressé aux Romains par le grand Apôtre, quand il disait : Renouvelez-vous dans l'esprit de votre vocation : *Renovamini spiritu mentis vestræ.*

Tandis que le pasteur s'efforcera de se renouveler, efforcez-vous, mes Frères bien-aimés, efforcez-vous, je vous en conjure avec les plus vives instances, d'établir en vous le règne de toutes les vertus, et les rapports de respect, de confiance et d'amour dus aux ministres des autels. Ah! qui n'apprécierait leur sublime dignité! Le sacerdoce n'est-il pas la lumière du monde et le sel de la terre? Qu'il apparaisse à vos yeux comme le soleil des intelligences, l'appui des sociétés, le créateur et le conservateur des institutions humaines, la source des bénédictions divines, l'image même des perfections d'en-haut, le long écoulement de Jésus-Christ lui-même, *Magnum Christi incrementum.* Le monde passera, il s'écoulera même comme un torrent, le sacerdoce ne périra pas plus que son auteur : *Tu es sacerdos in æternum.*

Que cette belle fête produise donc un renouvellement intérieur, une fidélité plus constante aux enseignements des pasteurs, une assiduité plus fréquente aux pieds des autels et au sacrifice qui se perpétue du lever du soleil jusqu'au couchant, une participation plus fréquente des mystères, plus d'ardeur, en un mot, pour la véritable patrie!

Alors, et seulement alors, mes Frères, tandis que vos prêtres, revêtus bien plus de la sainteté que de l'éclat des vêtements extérieurs, se livreront à la joie à la vue de vos progrès, *Sacerdotes Domini induantur justitiam, et sancti ejus exultent,* tous, pasteurs et troupeau, nous nous efforcerons de mériter l'impérissable couronne que le Prince des pasteurs nous prépare dans sa miséricorde : *Cùm venerit Princeps pastorum, percipietis immarcessibilem gloriæ coronam.* Daigne la glorieuse Marie, Reine du Clergé et notre Mère à tous, nous obtenir cette ineffable faveur. *Amen.*

Bordeaux. — Imprimerie de F. DEGRÉTEAU et Cie